BEI GRIN MACHT SICH IHR
WISSEN BEZAHLT

- Wir veröffentlichen Ihre Hausarbeit,
  Bachelor- und Masterarbeit

- Ihr eigenes eBook und Buch -
  weltweit in allen wichtigen Shops

- Verdienen Sie an jedem Verkauf

Jetzt bei www.GRIN.com hochladen
und kostenlos publizieren

Bibliografische Information der Deutschen Nationalbibliothek:

Die Deutsche Bibliothek verzeichnet diese Publikation in der Deutschen National-
bibliografie; detaillierte bibliografische Daten sind im Internet über http://dnb.d-
nb.de/ abrufbar.

Impressum:

Copyright © 2012 GRIN Verlag, Open Publishing GmbH
Druck und Bindung: Books on Demand GmbH, Norderstedt Germany
ISBN: 978-3-668-12333-5

Dieses Buch bei GRIN:

http://www.grin.com/de/e-book/313268/selbstverstaendnis-und-rolle-der-kommu-
nistischen-partei-im-heutigen-china

Marcel Schiffermüller

Selbstverständnis und Rolle der Kommunistischen Partei im heutigen China

GRIN Verlag

GRIN - Your knowledge has value

Der GRIN Verlag publiziert seit 1998 wissenschaftliche Arbeiten von Studenten, Hochschullehrern und anderen Akademikern als eBook und gedrucktes Buch. Die Verlagswebsite www.grin.com ist die ideale Plattform zur Veröffentlichung von Hausarbeiten, Abschlussarbeiten, wissenschaftlichen Aufsätzen, Dissertationen und Fachbüchern.

Besuchen Sie uns im Internet:

http://www.grin.com/

http://www.facebook.com/grincom

http://www.twitter.com/grin_com

Gliederung:

1. Einführung

Im März dieses Jahres verunglückt in Peking ein Ferrari und der Fahrer, ein junger Mann, stirbt. Innerhalb weniger Stunden werden sämtliche Bilder des zerstörten Luxusautos aus dem Internet entfernt und der Suchbegriff „Ferrari" wird monatelang gesperrt. Diese Vorgehensweise macht eines deutlich: Die Kommunistische Partei Chinas bemüht sich etwas zu vertuschen. Natürlich bleiben Zweifel über die tatsächliche Faktenlage, wie üblich in China. Man weiß schließlich nie genau, wer gerade welche Intrige hinter den Kulissen der Kommunistischen Partei spinnt. Fakt ist jedoch, dass die Parteizeitung „Global Times" einen jungen Mann als tot meldet und zwei Begleiterinnen als verletzt.

Der Name dieses Mannes wurde dann von einer anderen, nicht parteiverbundenen Zeitung, veröffentlicht. Es handle sich laut der "South China Morning Post" um Ling Gu. Er ist der Sohn von Ling Jihua - und dieser wiederum war bisher der Vorsitzende des Generalbüros des Zentralkomitees der Kommunistischen Partei. Ling Jihua wurde nun degradiert und besetzt einen deutlich weniger einflussreichen Posten. Dieser Vorfall ist der KPCh enorm peinlich. Denn es ist nicht gerade fördernd für eine kommunistische Partei, wenn Söhne hoher Funktionäre mit Ferraris und, wie gesagt wird, mit leicht bekleideten Frauen durch Peking rasen. Ling Jihua war außerdem ein enger Vertrauter von Präsident Hu Jintao, auf dessen Image sich eine Degradierung eines seiner wichtigsten Funktionäre natürlich auch negativ auswirkt.[1][2]

Der ganze Vorfall zeigt allerdings nicht nur das Bemühen der KPCh, gut dazustehen. Es ist auch eines von vielen Beispielen dafür, wie China sich verändert hat und die Partei zunehmend vom Spagat zwischen Kapitalismus[3], Westöffnung oder wie hier westlichen Statussymbolen und der Ideologie des Sozialismus[4] und Kommunismus[5] belastet wird. Die Partei hat eine interessante Veränderung durchzogen und es stellt sich die Frage der Vereinbarkeit des Selbstverständnisses der Partei und den Folgen, die aus dem Wandel resultieren. Im Folgenden soll nun auf die Kommunistische Partei

Chinas, deren Selbstverständnis, Gründe und Auswirkungen des Wandels, sowie auf die Rolle im heutigen China eingegangen werden.

---

1   Vgl. Internetquelle 3

2   Vgl. Internetquelle 9

3   Wirtschaftsform, die durch Privateigentum an Produktionsmitteln und Steuerung des Wirtschaftsgeschehens über den Markt gekennzeichnet ist

4   nach Karl Marx: Entwicklungsstufe, die auf gesellschaftlichen oder staatlichen Besitz der Produktionsmittel und eine gerechte Verteilung der Güter an alle Mitglieder der Gemeinschaft hinzielt.

5   nach Karl Marx: die auf den Sozialismus folgende Entwicklungsstufe, in der alle Produktionsmittel und Erzeugnisse in das gemeinsame Eigentum der Staatsbürger übergehen und alle Klassengegensätze überwunden sind.

2.   Hauptteil:

2.1 Selbstverständnis der Kommunistischen Partei

2.1.1 Struktur

Das Regierungssystem in China ist in zwei Teile getrennt. Zum einen der formale Staatsteil und zum anderen der Teil der KPCh. Im staatlichen Teil bilden Delegierte von Provinzen, Städten, Kreisen und der Streitkräfte den Nationalen Volkskongress, der einmal jährlich tagt. Dieser wählt den Staatspräsidenten und den Ständigen Ausschuss. Der Staatsrat ist laut Verfassung das „oberste Organ der Staatsverwaltung" und das „Exekutivorgan" des Nationalen Volkskongresses. Auf der anderen Seite steht der parteiliche Teil. Alle fünf Jahre findet der Parteitag der Kommunistischen Partei Chinas statt. Hier wird das Zentralkomitee (ZK) gewählt, welches aus 150 bis 200 Mitgliedern besteht. „Das höchste Entscheidungs- und Führungsorgan der KPCh ist das ZK-Politbüro. Es hat derzeit 24 Mitglieder, aus denen wiederum ein Ständiger Ausschuss mit nur neun Mitgliedern hervorgeht." (s. Heilmann, S., 2005, S.26, Z.1-4) Diese neun Mitglieder sind die wichtigsten Parteiführer und die Spitze der KPCh. Die Partei durchdringt das gesamte Staatssystem der Volksrepublik China auf allen Ebenen. So werden alle Kandidaten für alle Führungspositionen im staatlichen Teil des Systems von Parteigremien ausgewählt und benannt, während der Nationale Volkskongress dem zustimmen muss. [6](vgl. Heilmann, S., 2005, S.23)

Die Kommunistische Partei Chinas besitzt aktuell 78 Millionen Mitglieder und pro Jahr kommen ca. 1,4 Millionen dazu. Sie ist somit die mitgliederstärkste politische Partei der Welt.

Die Mitgliederstruktur der KPCh weist einige Unterschiede auf. Heute sind rund zwanzig Prozent der Parteimitglieder private Unternehmer, obwohl diese offiziell erst

Seit 2002 in die Partei eintreten dürfen. Außerdem geschah eine enorme Veränderung in Bezug auf Bildungsgrad und soziale Stellung. So stieg der Anteil der Mitglieder

mit höherer Schulbildung von 1978 von 12,8 % auf 52,5 % im Jahre 2000. Die Zahl der Hochschulabsolventen im Zentralkomitee der KPCh stieg von 23,8 % 1969

auf 98,6 % im Jahre 2002. Der Anteil der Arbeiter und Bauern, nach der Lehre des Marxismus-Leninismus[7] die herrschende Klasse im sozialistischen System, sank jedoch auf 45 %. [8] [9] [10]

---

6   Zur Veranschaulichung s. http://www.bpb.de/izpb/8861/charakteristika-des-politischen-systems?p=0

7   Von Karl Marx und Friedrich Engels begründete sozialistische Staats-, Gesellschafts- und Wirtschaftstheorie, die von Lenin in der Epoche des Imperialismus weiterentwickelt wurde.
     Zu den Zahlen:

8   s. Hartmann, J., 2006, S.76f

9   s. Internetquelle 12

10   s. Internetquelle 6

2.1.2 Staatsideologie und Programm der KPCh

Bei Gründung der Partei 1921 wurde ebendieser Marxismus-Leninismus als Ideologie festgelegt. Diese Ideologie wurde aus Russland nach der russischen Oktoberrevolution von 1917 übernommen und war vor allem mit dem Wunsch nach nationaler Befreiung vom Einfluss der Kolonialmächte verbunden. Mao Zedongs Schriften jedoch unterscheiden sich vom sowjetischen Modell in vielen Merkmalen. So entwickelte sich die Ideologie der KPCh vom Marxismus-Leninismus zu dem von ihm begründeten Maoismus[11]. Nach Maos Tod und der daraus resultierenden Ablösung durch Deng Xiapoing begann die Reform und Öffnungspolitik. Ein bis heute andauernder Prozess, in dem wirtschaftliche Reformen getätigt werden und China sich gegenüber der Welt und vor allem dem Westen öffnet. Die offizielle Ideologie der Kommunistischen Partei heißt heute: „Sozialismus chinesischer Prägung". Eine Leerformel des Sozialismus ist, dass die volle Entwicklung der Produktivkräfte im Land nötig ist. Die Kommunistische Partei stellte auf zwei Parteitagen 1987 und 1997 fest, dass ihr Land sich noch in der Anfangsphase des Sozialismus befinde und schreibt die Entwicklung der Produktivkräfte und die damit verbundene Modernisierung[12] Chinas ganz oben auf die Programmliste.

Für diesen Vorgang werden kapitalistische Methoden in der Wirtschaft benutzt. Es wird also deutlich, dass der Versuch der KPCh, den Sozialismus ohne Grundlage des Kapitalismus zu erreichen, gescheitert ist. So wurden die Ideen Deng Xiapoings ins Parteiprogramm aufgenommen, die einen „Vorrang ökonomischer Aufhol- und Innovationsleistungen vor ideologischer Politik bei gleichzeitig kompromisslosem Festhalten am politischen Führungsanspruch der Partei"(s. Hartmann, J., 2006, S.75, Z. 9-12) als richtigen Weg angeben. Die Mao-Ideen und frühere marxistisch-leninistische Vorgaben werden von der Partei entradikalisiert, verkürzt und teilweise revidiert. So wurde beispielsweise die Abschaffung von Privateigentum und die Bekämpfung der Kapitalistenklasse aus den Statuten der Partei entfernt. Im Grunde sind von Maos Ideen nur noch der Führungsanspruch der Partei und die Anwendung der sozialistischen Idee auf China wesentliche Bestandteile im Programm der KPCh. Der seit 2002 amtierende Generalsekretär Hu Jintao gibt als weiteres wichtiges Ziel die Verbesserung des Lebensstandards der Bauern und der ländlichen Wanderarbeiter an. Trotz des enormen Wachstums der letzten Jahre geht es besonders den Bewohnern auf dem Land immer noch sehr schlecht, was eine große Unzufriedenheit beim bäuerlichen Volk verursacht. Eine immer größer werdende Rolle nimmt im Programm der Partei auch der Nationalismus[13] ein. In der Schulbildung und in den Medien wird nationalistisches Gedankengut verbreitet, was zur Einheit des Landes beitragen soll und der Partei Unterstützung aus der eigenen Bevölkerung sichert. So wurde in der Sonderverwaltungszone Hongkong beispielsweise ein neues Unterrichtsfach mit dem Namen: „Moral und nationale Erziehung" auf den Weg gebracht – Ein Schulfach über Heimatkunde, Kultur und aktuelle Geschehnisse in China. Ziel ist es, den Patriotismus[14] noch weiter zu stärken. Im September dieses Jahres protestierten Eltern, Schüler und Lehrer in Hongkong mit großen Demonstrationen und

---

11   Eine politische Strömung, die sich auf die Schriften des chinesischen Revolutionärs Mao Zedong stützt.

12   Entwicklung von niederen zu höheren Zuständen

13   Übersteigertes Nationalbewusstsein

14   Emotionale Verbundenheit zum Vaterland

4

Hungerstreiks gegen das Schulfach, da sie es als „Gehirnwäsche" sehen. Nach den Plänen des Erziehungsamtes soll dieses Schulfach jedoch ab 2016 Pflichtfach werden. [15] [16] [17] [18]

2.1.3 Führungsanspruch

In der seit 1999 gültigen Präambel der Verfassung der Volksrepublik China steht: „Unter der Führung der Kommunistischen Partei Chinas und angeleitet durch den Marxismus-Leninismus, die Mao-Zedong-Ideen und den Theorien Deng Xiaopings werden die Volksmassen aller Nationalitäten Chinas weiterhin festhalten an der Demokratischen Diktatur des Volkes, am sozialistischen Weg sowie an Reform und Öffnung ..."(s. Heilmann, S., 2004, S.75)

Unvorstellbar für westliche Staatssysteme sind auch die Streitkräfte des Landes der Partei unterstellt, nicht der staatlichen Regierung.

Die Kommunistische Partei Chinas hat also den uneingeschränkten Führungsanspruch dieses Landes inne. Eine Änderung der bestehenden Verhältnisse um die Führung des Landes wäre nur durch eine Verfassungsänderung möglich. Dafür bedarf es einer Zwei-Drittel-Mehrheit im Nationalen Volkskongress, welcher allerdings wiederum aus mehr als zwei Drittel Parteimitgliedern besteht. (vgl. Heilmann, S., 2005, S.23)

Da diese Parteimitglieder einer solchen Änderung natürlich niemals zustimmen würden, ist folglich ein Führungswechsel in China so gut wie unmöglich.

Die chinesische Regierung hat in der Vergangenheit wiederholt Bücher veröffentlicht, die vor allem dem Ausland einen Einblick in Chinas Politik geben sollen. Am 15. November 2007 erschien eines dieser Bücher mit dem Titel: „China's Political Party System", welches sich mit der politischen Parteienlandschaft befasst. In diesem Buch wird besonders die Rolle der acht so genannten „Demokratischen Parteien" thematisiert. Die Regierung betont zwar, dass die Führungsrolle der KPCh unabdingbar und aus der Geschichte und dem Wille des Volkes legitimiert ist, aber hebt auch die Wichtigkeit der Demokratischen Parteien hervor. Diese Parteien seien laut der Regierung in einer „angemessen Anzahl" in Posten der Exekutive[19], der Justiz und in den Volkskongressen vertreten. Da es sich bei diesen Parteien jedoch vielmehr um Organisationen handelt, die sich der KPCh unterstellt haben und somit nicht wirklich als „Parteien" gelten, ist anzunehmen, dass hier auch eine gewisse Beschönigung der wirklichen Verhältnisse vorliegt.

Ob diese Publikation nun wirklich nur diesen Zweck erfüllt oder vielleicht doch ein ehrliches Zeichen ans Ausland für Reformoffenheit geben soll, ist schwer zu sagen. Fakt ist jedoch, dass durch keine bisherige Verfassungsänderung das politische System Chinas angetastet wurde. Der Führungsanspruch der KPCh besteht fest und eine Änderung ist in naher Zukunft nicht absehbar. (vgl. Internetquelle 8)

---

15   Vgl. Hartmann, J., 2006, S.73-75
16   Vgl. Internetquelle 10
17   Vgl. Internetquelle 2
18   Vgl. Heilmann, S., 2005, S.26
19   Die Exekutive ist die vollziehende oder ausübende Gewalt. Sie umfasst die Regierung und die Verwaltung, der in erster Linie die Ausführung der Gesetze anvertraut ist.

2.2 Die Partei im Wandel

2.2.1 Gründe für den Wandel

Dieser feststehende Führungsanspruch der Kommunistischen Partei Chinas bedeutet jedoch nicht, dass sich in China und auch in der Partei selbst keine Veränderungen abspielen. Seit Deng Xiapoing 1978 die Reform und Öffnungspolitik mit den damit verbundenen Wirtschaftsreformen auf den Weg brachte, veränderte sich die gesamte Wirtschaft in China dramatisch. So wurde 1992 die Etablierung der „sozialistischen Marktwirtschaft" offiziell definiert und somit die Planwirtschaft abgelöst. Dieser wirtschaftliche Wandel ist einer der Hauptgründe für die Veränderungen innerhalb der Partei. Die rasante Wirtschaftsentwicklung und die durch die Westöffnung entstandene Bindung an den Weltmarkt brachten auch große gesellschaftliche Veränderungen mit sich. Durch die Entstehung einer Mittelschicht, privater Unternehmer und ausländischen Großkonzernen in China muss die KPCh ihre Rolle in der Gesellschaft neu definieren. Ein weiterer Grund ist die zunehmende Wichtigkeit von guter Schulausbildung. Akademisch Ausgebildeten kommt in Politik, Gesellschaft und Wirtschaft eine wichtigere Rolle zu als früher. So ist seit den 1990er Jahren ein Hoch- oder Fachhochschulabschluss für einen leitenden Posten in Partei oder Regierung sogar zwingende Voraussetzung. Anfang der 1980er Jahre bestand die Führungsriege der Kommunistischen Partei Chinas noch größtenteils aus ländlichen Revolutionären mit geringer Schulbildung. Die neue Generation des Führungspersonals ist zunehmend technisch-naturwissenschaftlich gebildet und wird daher als „Technokraten" bezeichnet. Diese „Technokraten" sind also aufgrund ihres Aufwachsens und ihrer Ausbildung eher an Modernisierung orientiert und nicht mehr an der Revolution.[20] [21]

2.2.2 Ist die VR China noch sozialistisch?

Nun stellt sich also die Frage, ob in China überhaupt noch von einem sozialistischen System die Rede sein kann, oder ob diese Ideologie schon längst durch ebendiese Veränderungen in Wirtschaft, Politik und Gesellschaft untergraben wurde. Strukturell ist die Volksrepublik China weiterhin sozialistisch aufgebaut, da eine Staatspartei nach leninistischen Prinzipen das Machtmonopol innehat. Außerdem herrscht in China Gewaltenkonzentration statt Gewaltenteilung, was ebenso für ein sozialistisches System spricht wie die Tatsache, dass ein Kontroll- und Sicherheitsapparat besteht, welcher der Partei direkt unterstellt ist. Die Kommunistische Partei bezeichnet sich jedoch seit dem 14. Parteitag 2002 als Volkspartei und nicht mehr als Partei der chinesischen Arbeiterklasse, wodurch die Führungsrolle des Proletariats[22], nach dem Marxismus-Leninismus eine der wichtigsten Merkmale in einem sozialistischen System, quasi aufgegeben wird. Die jetzige politische Ordnung ist vom Totalitarismus[23] der Mao-Herrschaft, in der die Kommunistische Partei mit ihren Organisationen volle Kontrolle über das wirtschaftliche und gesellschaftliche Leben hatte, definitiv sehr weit entfernt. China hat sich von dem damals bestehenden homogenen zu einem heterogenen Gebilde mit mehr Vielfalt entwickelt. Viele Merkmale wie etwa eine verbindlich propagierte Variante der marxistisch-leninistischen Ideologie von der Staatspartei haben bereits bis 2003 abgenommen und nehmen immer

---

20   Vgl. Heilmann, S., 2004, S. 192

21   Vgl. Heberer, T., 2005, S.34

22   Arbeiterklasse

23   Diktatorische Herrschaftsform

weiter ab. (s. Anhang: Übersicht 4.12: Ist die VR China noch ein sozialistisches System?) Es zeigt sich, dass im wirtschaftlichen und gesellschaftlichen Bereich kein Merkmal voll zutrifft und eine abnehmende Tendenz zu erkennen ist. Die tiefgreifenden Veränderungen im Wirtschaftssystem und der soziale Wandel lassen eine Bezeichnung Chinas als sozialistisches System kaum noch zu. Vielmehr lässt sich das aktuelle politische System Chinas als „fragmentierter[24] Autoritarismus[25]" bezeichnen. Dieses System zeichnet sich dadurch aus, dass verschiedene Einflüsse auf die Politik gegeben sind, wie etwa die Provinzen, das Militär, die öffentliche Meinung und neue soziale Schichten und Organisationen. Somit entscheidet die politische Führung nicht mehr alleine. Geprägt ist dieses System weiterhin von verschiedenen Ebenen und Strukturen im Staat und einer Interaktion von Staat und Gesellschaft. Die Fragmentierung in China wird durch verschiedene gesellschaftliche Modelle innerhalb der Landesgrenzen unterstrichen. So gibt es ein Dorf namens Nanjie in der Provinz Henan, welches eine kommunistische Lebensweise mit Kollektivwirtschaft[26] und Mao-Kult führt, während nur einige Kilometer entfernt ein Dorf mit ausschließlicher Privatwirtschaft[27] und einer Dorfleitung bestehend aus Privatunternehmern existiert.

Abschließend lässt sich sagen, dass der Name „Kommunistische Partei Chinas" ideologisch nicht mehr zu rechtfertigen ist, sondern lediglich in organisatorischen Elementen zutrifft. Die Merkmale für ein sozialistisches System in China sind nur noch im Bereich der formalen politischen Einrichtungen erfüllt. Auch wenn diese Institutionen sehr fest bestehen und im Grunde unantastbar sind, kann man die VR China nicht als sozialistisch bezeichnen, da dies in wirtschaftlichen und gesellschaftlichen Aspekten nicht gerechtfertigt ist.[28] [29]

2.2.3 Auswirkungen des Wandels

Chinas Wandel im wirtschaftlichen und gesellschaftlichen Bereich hat vor allem eine entstehende Komplexität in Regierungsangelegenheiten und Entscheidungsprozessen der KPCh zur Folge. Die Partei muss nun deutlich mehr Aspekte bei einer Entscheidung einfließen lassen als früher. So hat beispielsweise auch die Bedeutung von Gruppen und Gremien zugenommen, die der Regierung beratend zur Seite stehen. (vgl. Internetquelle 1)

Nicht-staatliche Organisationen und Interessengemeinschaften haben seit Beginn der der Reformphase stetig zugenommen. So gab es vor 1978 in China nur 100 soziale Organisationen, während 2003 die Zahl auf 1700 stieg. (s. Internetquelle 4) Seit Beginn der Reformperiode hat die Partei im Vergleich zur Mao-Herrschaft kontinuierlich mehr Kontrolle über Wirtschaft und Gesellschaft verloren und keinen totalen Zugriff mehr auf diese Vorgänge. Die Veränderung des Wirtschaftssystems verursacht eine schrittweise Auflockerung von politischen und ideologischen Kontrollstrukturen. Die Westöffnung und Globalisierung[30] ziehen eine Pluralisierung[31] der Gesellschaft

---

24   fragmentiert = gebrochen
25   System zwischen Demokratie und Diktatur
26   wirtschaftliche Produktionsform auf Grundlage von gemeinsamen Eigentums
27   Wirtschaftsform, in der die Produktionsmittel Privateigentum der Unternehmer sind
28   Vgl. Heilmann, S., 2004, S.73,192,281
29   Vgl. Internetquelle 5
30   Die Globalisierung ist der Vorgang der zunehmenden weltweiten Verflechtung in allen Bereichen des Lebens.
31   Entstehen einer Vervielfältigung der Gesellschaft mit vielen verschiedenen akzeptierten Meinungen.

nach sich und daher muss sich auch die Partei verändern.So machen Parteifunktionäre heute Schulungen und Weiterbildungen, die sich mit Modernisierung beschäftigen und keineswegs nur noch mit Mao und Marx.Es wird also deutlich, dass die Partei sich in Zeiten des Wandels durchaus mit verändert und keine steife, unveränderbare Organisation ist. (vgl. Internetquelle 4)

2.2.4 Stellenwert der Partei im heutigen China

Aufgrund dieses Wandels, den die Partei vollzieht, lohnt sich auch eine Thematisierung ihrer Rolle im heutigen China. Die Partei steht nach wie vor an der Spitze Chinas und hat alle entscheidenden Funktionen inne. Die Dominanz der KPCh wird besonders deutlich, da sie über dem Staat steht und durch die gelenkte Besetzung der wichtigsten Ämter ein System nach ihren Vorstellungen erreicht. Die Partei ist heute also nach wie vor allgegenwärtig und beinhaltet durch ihren Wandel zur Volkspartei und der damit verbundenen ideologischen Öffnung heute fast alle Gesellschaftsschichten.

Doch die Beziehung der chinesischen Bevölkerung zur Kommunistischen Partei hat sich grundlegend geändert. Das chinesische Volk sieht die klassischen Ideologien wie Marxismus und Maoismus nicht mehr als zeitgemäß und hat in diesem Kontext keine emotionale Bindung mehr zur Partei. Auffällig ist jedoch, dass die chinesische Bevölkerung und insbesondere junge Menschen wie Studenten der Partei sehr dankbar für all ihre Verdienste sind. Die unglaublichen Erfolge im wirtschaftlichen Bereich und die enorme Verbesserung des Lebensstandards werden der KPCh hoch angerechnet. Natürlich lässt sich der Stellenwert der Partei heute nicht mit dem unter Mao vergleichen, da die Gesellschaft in China durch die Reformpolitik und die entstandene Globalisierung zunehmend westliche Werte höher einstuft als Parteitreue und ideologische Gebundenheit. An der Tatsache, dass die Kommunistische Partei Chinas die wichtigste Rolle in der Volksrepublik China einnimmt, ändert das jedoch nichts.

Die KPCh ist nun mal nicht irgendeine politische Partei, sondern fester Bestandteil der chinesischen Geschichte und Gegenwart.Heute hört man vielleicht keine ideologisch geprägten Lieder an jeder Ecke und es hängen keine roten Fahnen mehr aus jedem Fenster, doch die Kommunistische Partei Chinas ist nach wie vor allgegenwärtig und fest in den Köpfen der Bevölkerung verankert.[32] [33]

3.   Schluss: Ausblick in die Zukunft der KPCh

Die Zukunft der Kommunistischen Partei Chinas zu zeichnen ist aufgrund der Komplexität der Volksrepublik China, der chinesischen Gesellschaft und der Partei selbst sehr schwer. Im Grunde kann mit drei verschiedenen Szenarien gerechnet werden. Eine Demokratisierung Chinas ist aufgrund des fest bestehenden Führungsanspruches der KPCh (vgl. 2.3.1) sehr unwahrscheinlich. Auch eine dauerhafte innere Stabilisierung ist nicht anzunehmen, da der wirtschaftliche und gesellschaftliche Wandel nicht mit dem Handeln der Partei vereinbar ist und es somit immer zu Spannungen kommen wird. Das „worst case"-Szenario beinhaltet einen Zerfall der Kommunistischen Partei durch unlösbare interne Auseinandersetzungen und einen Zusammenbruch der Kontrollstrukturen in China. Die Partei wird in allen Organisationsebenen in Gruppierungen mit verschiedenen Ansichten und Werten zerfallen. Weiterhin werden hierbei soziale Unruhen und gewaltsame innere Konflikte aufgrund der

---

32   Vgl. Internetquelle 4
33   Vgl. Internetquelle 7

regionalen und sozialen Gegensätze zunehmen und militärische Konflikte mit chinesischer Beteiligung können entstehen. Der Machtverlust der KPCh und die damit einhergehende Schwächung der politischen Struktur wirken sich negativ auf die Wirtschaft aus. Die unruhige Lage im Land wirkt abschreckend auf ausländische Investoren und auch die wirtschaftliche Dynamik und der Wachstum in China brechen ein. Ein weiteres, leicht abgewandeltes Szenario geht davon aus, dass durch das in China vorhandene enorme Konfliktpotenzial mit Fragen wie etwa der sozialen Sicherung, der Disparitäten[34] zwischen Land und Stadt, der Korruption und der Umweltzerstörung eine ungefestigte Regierungsordnung entsteht und durch diese Konflikte immer wiederkehrende wirtschaftliche Einbrüche und soziale Unruhen entstehen. Die Partei spaltet sich jedoch nicht öffentlich auf wie im ersten Szenario. Sie zerfällt zwar im Inneren aufgrund der Konflikte, will aber keinen Machtverlust hinnehmen und versucht China durch eine nationalistische und populistische[35] Politik vereint zu halten. Neben diesen Zukunftsmodellen besteht aber auch ein weiteres sehr wahrscheinliches Szenario. Wenn die Kommunistische Partei weiterhin ihre Macht erhalten und regierungsfähig bleiben will, führt an Reformen kein Weg vorbei. Das chinesische Volk wird immer selbstbewusster und vor allem anspruchsvoller. Sie fordern mehr Meinungsfreiheit, Rechtsstaatlichkeit und Sicherheit, wie etwa am 28. Oktober diesen Jahres, als tausende in Ningbo gegen eine chemische Fabrik, deren Filteranlagen sie nicht trauten. Ein Regieren über alle Köpfe hinweg wird in Zukunft also nicht mehr möglich sein. Die nächste Führungsgeneration unter dem zukünftigen Staats- und Parteichef Xi Jinping wird also in diesem Szenario gesellschaftliche Gruppen und andere Meinungen außerhalb der Partei in ihre Entscheidungen mit einbeziehen und Reformen auf den Weg bringen. Die politische Führung wird zwar aufgrund ihrer Angst vor einem Machtverlust keine Reformen unterstützen die zu einer westlichen Demokratie führen, aber in engem Rahmen wird China reformiert und das chinesische Volk gewinnt an Mitbestimmungsrecht.

Nun gilt es für das Ausland und insbesondere für die Bürger Chinas weiter auf neue Reformen zu pochen und Druck auf die Regierung auszuüben. Die Bevölkerung muss weiter ihre Meinung kundtun und den Freiheitswillen verfolgen, damit dieses dritte und beste Szenario für Chinas Zukunft eintritt.[36]
[37]

---

34 Ein entstandenes Ungleichgewicht.
35 Populismus: Politikform, die sich nach dem Gefallen der Wählerschaft richtet, sich volksnah gibt und Emotionen, Vorurteile oder Ängste der Bevölkerung für eigene Zwecke nutzt.
36 Vgl. Internetquelle 11
37 Vgl. Heilmann, S., 2004, S. 286-289

Übersicht 4.12: *Ist die VR China ein sozialistisches System?*

Allgemeine Merkmale/Kriterien für ein sozialistisches System	Inwieweit waren / sind diese Kriterien erfüllt?		
	1978	1989	2003
POLITISCHE MERKMALE			
1. Machtmonopol einer nach leninistischen Prinzipien organisierten Staatspartei	●	●	●
2. Gewaltenkonzentration statt Gewaltenteilung	●	●	●
3. Der Staatspartei direkt unterstellter Sicherheitsapparat	●	●	●
4. Hohe staatliche Überwachungskapazität gegenüber politischen Abweichungen	●	●	◑
5. Von der Staatspartei verbindlich propagierte Variante der marxistisch-leninistischen Ideologie	●	◑	◕
WIRTSCHAFTLICHE MERKMALE			
6. Verstaatlichung von Privateigentum; Dominanz öffentlichen Eigentums (Ziel: Eliminierung von Ausbeutungsphänomenen)	●	●	◑
7. Administrative, imperative Wirtschaftsplanung (Ziel: Eliminierung von Konjunkturzyklen und Wirtschaftskrisen)	●	◑	◕
8. Aktive staatliche Umverteilung von Vermögen und Einkommen (Ziel: soziale Gleichheit bzw. Mindestversorgung)	●	◑	◕
9. Staatliches Außenhandelsmonopol unter Kontrolle der Zentralregierung (Ziel: Ausstieg aus ungeregeltem Handel/Weltmärkten)	●	◑	○
GESELLSCHAFTLICHE MERKMALE			
10. Soziale Gleichheit als vorrangiges politisches Ziel	●	◑	○
11. Umfassende soziale Absicherungen (unter der Bedingung politischer Loyalität)	●	◑	◕
12. Organisierte Abhängigkeit (politische Verfügung über individuelle Lebenschancen)	●	◑	◕
13. Umfassende soziale Kontrolle (in Wohn- und Arbeitseinheiten)	●	●	◑

● Kriterium voll erfüllt. ○ Kriterium gar nicht mehr erfüllt.
◑ Kriterium nur noch teilweise erfüllt. ◕ Kriterium überwiegend nicht mehr erfüllt.
© Heilmann 2002/2004

Aus: Heilmann, Sebastian: Das politische System der Volksrepublik China, Wiesbaden 2004, S.193

Literaturverzeichnis

Monographien

1. Hartmann, Jürgen: Politik in China, Eine Einführung, Wiesbaden 2006
2. Heilmann, Sebastian: Das politische System der Volksrepublik China, Wiesbaden 2004

Zeitschriftenaufsätze

1. Heberer, Thomas: Gesellschaft im Umbruch, in: Informationen zur politischen Bildung, Heft 289, 2005
2. Heilmann, Sebastian: Charakteristika des politischen Systems, in: Informationen zur politischen Bildung, Heft 289, 2005

Internetquellen

1. Bader, Julia (2008): Innenpolitischer Wandel und seine Auswirkungen auf die Außenpolitik Chinas http://www.ssoar.info/ssoar/bitstream/handle/document/11055/ssoar-2008-bader-innenpolitischer_wandel_und_seine_auswirkungen.pdf?sequence=1
2. Erling, Johnny (2012): Schüler rebellieren gegen chinesische Gehirnwäsche http://www.welt.de/politik/ausland/article108997962/Schueler-rebellieren-gegen-chinesische-Gehirnwaesche.html
3. Fend, Ruth (2012): Machtkampf in Peking - Wie ein toter Ferrari-Fahrer Chinas Präsident Hu in die Quere kommt http://www.ftd.de/politik/international/:machtkampf-in-peking-wie-ein-toter-ferrari-fahrer-chinas-praesident-hu-in-die-quere-kommt/70085877.html#utm_source=rss&utm_medium=rss_feed&utm_campaign=/politik
4. Hartig, Falk (2008): Die Kommunistische Partei Chinas: Volkspartei für Wachstum und Harmonie? http://library.fes.de/pdf-files/ipg/ipg-2008-2/06_a_hartig_d.pdf
5. Heberer, Thomas (2007): *Party State* im „Reich der Mitte" – Zum politischen System in China http://opus.kobv.de/ubp/volltexte/2007/1248/pdf/53_sp_heberer.pdf
6. Heilmann, Sebastian (2005): Charakteristika des politischen System http://www.bpb.de/izpb/8861/charakteristika-des-politischen-systems?p=0
7. Hummitzsch, Thomas (2008): Über allem thront die Partei http://www.glanzundelend.de/Artikel/kpch.html
8. Kleining, Jochen (2007): Bewegung in der „Einheitsfront"? – Das neue Weißbuch zum politischen Parteiensystem der VR China http://www.kas.de/wf/doc/kas_12808-1522-1-30.pdf?080730165605
9. Schulz, Sandra(2012): KP-Funktionär versetzt – Ferrari-Unfall erschüttert Chinas Elite http://www.spiegel.de/politik/ausland/ling-jihua-wird-nach-unfall-mit-ferrari-von-chinas-kp-strafversetzt-a-853833.html
10. Titz, Christoph: http://www.spiegel.de/schulspiegel/ausland/hongkong-patriotismusunterricht-pro-china-erzuernt-einwohner-a-853440.html
11. Zand, Bernhard: http://www.spiegel.de/politik/ausland/china-mit-dem-aufschwung-waechst-das-selbstbewusstsein-der-chinesen-a-864362.html
12. Wikipedia: http://de.wikipedia.org/wiki/Kommunistische_Partei_Chinas